Cte E. DE BALINCOUR.

UN
PROCÈS DE CORPORATIONS
A MONTPELLIER

LE COLLÈGE ROYAL DE CHIRURGIE
CONTRE LES PERRUQUIERS

NIMES
IMPRIMERIE GÉNÉRALE (GERVAIS-BEDOT)
RUE DE LA MADELEINE, 21

1896

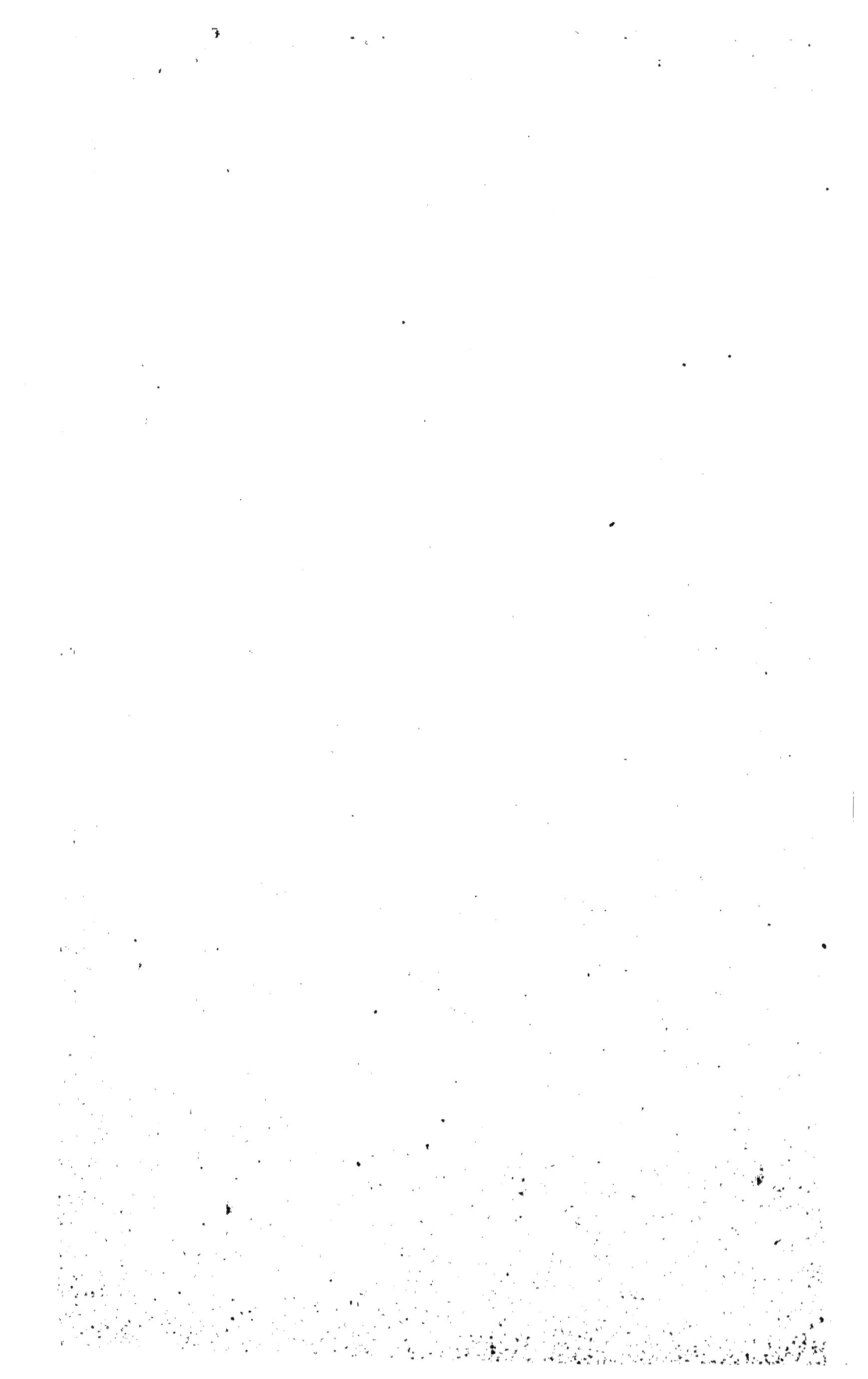

UN PROCÈS DE CORPORATIONS

À MONTPELLIER

Cte E. DE BALINCOURT

UN

PROCÈS DE CORPORATIONS

A MONTPELLIER

~~~~~~~

LE COLLÈGE ROYAL DE CHIRURGIE

CONTRE LES PERRUQUIERS

NIMES

IMPRIMERIE GÉNÉRALE (GERVAIS-BEDOT)

RUE DE LA MADELEINE, 21

—

1896

UN PROCÈS DE CORPORATIONS

A MONTPELLIER

Le Collège-Royal de Chirurgie contre les Maîtres-Perruquiers

Ce procès, plaidé en appel en 1774, devant le Conseil supérieur siégeant à Nîmes, évoque tout un ensemble de mœurs disparues, de règlements oubliés et de préséances à lointaine origine. A ce titre, les mémoires passionnés, échos des luttes séculaires entre les corporations rivales des médecins et des chirurgiens, des chirurgiens-barbiers et des barbiers-perruquiers ont, de nos jours, un regain de curiosité.

En l'espèce, les chirurgiens avaient-ils le droit de faire la barbe à leurs clients et de friser leurs perruques et, s'ils ne l'avaient pas, les perruquiers pouvaient-ils constater légalement par visites domiciliaires toute infraction à leurs privilèges ?

Pour se remettre de la surprise bien naturelle que cause une pareille question, il faut que le lecteur veuille bien remonter le cours des âges avec les avocats des deux parties.

Dans le principe le *mire*, comme le *medicus* de l'antiquité, était à la fois médecin et chirurgien et rien ne faisait prévoir la scission profonde qui allait s'opérer entre ces deux branches de l'art de guérir. Il était ordinairement d'église, prêtre ou clerc, comme tout ce qui cultivait les sciences et les lettres. En 1215, le concile de Latran crut devoir interdire à tout ecclésiastique engagé dans les ordres et professant la médecine, les opérations chirurgicales : *Ne ullam partem chirurgiæ, quæ ad ustionem vel incisionem inducit, subdiaconus, diaconus vel sacerdos exerceant.* Dès lors, les mires, liés au service divin, prirent le nom de physiciens et se restreignirent à la guérison des maladies internes et à la partie spéculative et même contemplative de leur art. Le pape Grégoire IX érigea, en 1291, leur corporation en faculté ; chanoines de Notre-Dame, bénéficiaires de fait ou en expectative, ils furent des plus recommandés par le clergé de Paris, qui ordonna tout net aux fidèles de s'adresser exclusivement à eux.

Les mires laïques de leur côté se réunirent en confrérie, le 15 février 1255, dans l'église de Saint-Côme et Saint-Damien, qu'ils prirent pour patrons, et continuèrent à soigner les malades que négligeaient quelque peu leurs anciens confrères. Philippe-le-Bel maintint, en 1311, les maîtres de Saint-Côme et leur chef, le chirurgien Jean Pitard, dans leurs privilèges et dans leurs droits d'inspection en ce qui concernait la chirurgie.

Cependant vers 1452, la Faculté apostolique admit dans son sein même des laïques mariés, et le besoin de se créer une clientèle, à défaut des anciennes prébendes, fit naître une rivalité terrible. Les médecins, par dédain et ignorance des opéra-

tions manuelles, persuadèrent aux barbiers, déjà
en possession de soigner les bosses et les clous, de
prendre le titre de barbiers-chirurgiens et de faire,
sous leur direction exclusive, des saignées et autres opérations. Par accord passé le 13 janvier 1585,
les barbiers se déclarent humbles disciples des médecins, s'engagent à ne jamais traiter de malades
sans leur concours. En revanche ceux-ci promettent
de leur enseigner l'anatomie — ce qu'ils firent quelque temps en langue vulgaire naturellement et au
grand scandale de tous les lettrés — et de prendre
fait et cause pour eux dans leurs procès avec les
chirurgiens, à la condition néanmoins qu'ils plai-
deront à leurs frais : *expensis videlicet ipsorum ton-
sorum.* Les chirurgiens-barbiers tâchèrent autant
que possible de sortir de leurs modestes attribu-
tions, et ce sont eux que le célèbre Ranchin enve-
loppait dans ce triple chef d'accusation : *impune
mentiri, audacter interficere et pecunias extorquere.*
Ils tentèrent même avec l'aide de quelques chirurgiens de robe longue , *veteris officii desertoribus ac
perfidis,* de se substituer au collège de Saint-Côme,
mais ils échouèrent et, malheureusement pour la
considération de l'art chirurgical, ils obtinrent, par
lettres patentes de 1656, d'être unis à ceux qu'ils
voulaient remplacer. L'adjonction de cet élément
inférieur fit le plus grand tort aux chirurgiens sé-
rieux et motiva les accusations assez méritées d'i-
gnorance et d'infériorité dont leurs rivaux accablè-
rent la corporation tout entière ; mais elle n'empêcha
pas, au siècle suivant, sous Louis XIV, les Dionis,
les Clément, les Félix, les Maréchal et les Petit d'ou-
vrir des cliniques réputées même à l'étranger et

d'obtenir la faveur du roi. La Faculté de Médecine
eut beau venir un jour, à la joie des badauds, assié-
ger en costume l'amphithéâtre du collège Saint-
Cosme, le crédit de La Peyronnie à la cour de
Louis XV et sa générosité inépuisable inaugurè-
rent une ère de prospérité pour son art. La nomi-
nation de cinq professeurs d'anatomie à Paris et de
quatre de chirurgie à Montpellier, la création d'une
académie de chirurgie en 1731, et la déclaration de
1743, qui supprimait l'union humiliante des chirurgiens aux barbiers-chirurgiens, en « éteignant » ces
derniers, marquent les étapes victorieuses de cette
lutte acharnée.

Il faut lire les écrits de Quesnay et de La Peyronnie
d'une part, d'Astruc et de Chicoyneau de l'autre,
pour se rendre compte du degré d'acuité de cette
polémique. Les médecins, en vertu de ce principe
que la chirurgie étant une partie de la médecine
devait lui être soumise, représentaient leurs adversaires comme des gens sans éducation, sans études,
n'ayant pas eu le loisir d'apprendre le latin et en
somme leurs serviteurs, leurs valets, que dis-je ?
leurs esclaves. Le mot avait été prononcé. Dans un
livre intitulé *Du brigandage de la Chirurgie*,
un Docteur de la Faculté de Paris ne craignait
pas de citer la réponse d'un *célèbre* médecin à
une femme de qualité qui lui offrait une place pour
voir une entrée d'ambassadeur : « Je vous remer-
cie, Madame ; j'ai là une chambre chez un de
nos esclaves », désignant ainsi l'obligeant chirurgien qui la lui avait offerte. « La science n'est pas
pour ceux qui n'ont que la main et l'ignorance est
attachée à toute chirurgie, disaient-ils encore en plein

xviii° siècle ; les chirurgiens d'aujourd'hui ne sont pas meilleurs que leurs pères.... vains, présomptueux, ignorants de siècle en siècle, et qui laissent croire que toute chirurgie consiste à saigner, couper, replacer des os comme des ouvriers manœuvrants qui remuent des machines et des ressorts sans les connaître. »

Le chirurgien Quesnay répondit à ces théories méprisantes des *seigneurs et maîtres*, par une satire des plus mordantes sur leurs agissements avec leur clientèle et surtout leur clientèle féminine.

« Il faut vous suivre dans les ruelles pour avoir un spectacle plus amusant. Quel point de vue singulier que celui de votre gravité doctorale, adoucie et fondue pour ainsi dire, avec quelques nuances de galanterie ! Qui s'attendroit à vous voir métaphysiciens d'amour, conteurs de fleurettes, galans en un mot et peut-être galans dangereux, si les grâces n'avaient fait un divorce éternel avec votre profession? Qui sçait mieux que vous se prêter aux circonstances et se mouler aux génies, aux préjugés, aux caractères différents ? Là cavaliers et petits-maîtres, là graves Esculapes ; ici hérissés d'aphorismes, d'apophtegmes, de maximes ; là badins, légers, joyeux convives, parfois bouffons, pantomimes et comédiens; ici apôtres exemplaires d'une morale commode et voluptueuse, là partisans du rigorisme et sectateurs de la sévère Réforme ; ici philosophes, sceptiques, esprits forts, là (qui le croiroit) ? dévôts, humbles croyants et même prôneurs de miracles. (Quesnay-*Second mémoire pour les chirurgiens*).

Si ce sont les illustrations des deux corporations

qui se traitent de la sorte à Paris, que sera-ce en province ? Que sera-ce à Nimes où, vers la même époque, les chirurgiens font aux médecins un procès en diffamation. Ceux-ci, en effet, ont déclaré que leurs adversaires, n'étant ni docteurs, ni licenciés, n'avaient pas le droit d'exercer la médecine et qu'ils ne peuvent être que leurs « singes » que *temere et audacter dominos suos imitari*. Ils les traitent de fripons, d'imposteurs et de visionnaires et déclarent « que Nismes est la ville du royaume où la chirurgie est le plus mal exercée, la seule peut-être où le chirurgien de l'hôpital y ait un pouvoir despotique sur les pauvres blessés, opérant ou n'opérant pas selon qu'il le juge à propos et n'écoutant pas même l'avis des médecins. Les chirurgiens, pour leur défense, protestent contre l'ancien édit invoqué par les médecins: « *ne que ægrotis permittendum est quem volue runt medicum advocare* » et font remarquer, qu'à Nimes, les gens du peuple, sachant que les opérations de la médecine se réduisent au clystère, à la purgation et à la saignée, se vantent de faire leurs petits remèdes sans médecin, sans chirurgien et sans apothicaire et ne croient pas nécessaire d'être munis d'un passeport de la Faculté pour aller dans l'autre monde.

Et à l'appui de leur dire, les uns citent nombre d'opérations chirurgicales inopportunes suivies de mort, les autres ripostent par le détail de celles qu'ils ont réussies et de quelques fâcheuses erreurs médicales. Je ne sais quelle était alors l'importance du secret professionnel ; mais si les noms propres des clients et l'exposé de leurs infirmités — dont beaucoup sont de nature fort intime — nous laissent indifférents, leur divulgation a dû, il y a quelque cent vingt ans, les gêner singulièrement.

J'ai tenu à donner une idée des obstacles que les chirurgiens avaient dû surmonter et de leurs succès toujours grandissants pour atténuer l'impression un peu fâcheuse que laisse dans l'esprit la cause qu'ils avaient à soutenir à Montpellier. Il ne faudrait pas croire qu'ils eussent, en province, abandonné les profits de leur ancienne union avec les barbiers. Beaucoup continuaient à tenir boutique et leurs élèves rasaient ostensiblement et frisaient les vieilles perruques. Je dis les vieilles parce que les perruquiers consentaient à fermer les yeux sur cet abus pourvu qu'ils n'eussent pas l'audace d'en confectionner de neuves. Comment refuser un coup de fer à un client qui se fait faire la barbe ? D'ailleurs les opérations chirurgicales étaient rares et il fallait vivre. Cette petite concurrence pouvait paraître misérable, mais les chirurgiens de Montpellier l'avouent, elle pouvait avoir les plus grands résultats. « Un chirurgien à qui des garçons gagnent par la *barberie* et la frisure de quoi entretenir sa famille, obtient par elles de quoi donner l'essor à son génie et c'est peut-être à ces humbles ressources que la chirurgie doit ses sublimes progrès. » Ils se plaignaient en outre de ce que de simples artisans voués, d'abord à la confection des chevelures artificielles, avaient commencé par raser la tête du client pour assujettir la perruque, puis de là avaient promené le rasoir sur son visage. N'était-ce pas cependant de toute justice « que cette tête qui recevait du chirurgien la guérison de ses infirmités, le moyen de les prévenir, l'ornement d'un œil de verre ou d'une dent d'ivoire, reçût aussi de la même main le faible ornement de ses cheveux naturels » c'est-à-dire la frisure ?

Mais les lettres patentes de 1772, conféraient aux maîtres-perruquiers le privilège de faire le poil et les perruques, celui des bains et des étuves pour les deux sexes, mais seulement pour les personnes en bonne santé, laissant néanmoins les chirurgiens de province, qui n'avaient pas renoncé à la barberie, en continuer l'exercice. Comme il fallait prévoir des contraventions, le même édit autorisait les prévôts de chirurgiens et les syndics des perruquiers à faire mutuellement des visites domiciliaires les uns chez les autres. Seulement par on ne sait quel hasard, on n'enregistra à Toulouse que la première partie de l'édit et l'on oublia la licence accordée aux chirurgiens de continuer la barberie.

Le 23 juin 1773, les syndics des perruquiers obtinrent du sénéchal de Montpellier, l'autorisation générale, sans désignation de personnes, de faire constater toute contravention à leurs privilèges et, sans prévenir les prévôts des chirurgiens, firent opérer des saisies dans les boutiques de cinq d'entr'eux. Le Collège royal de chirurgie intervenant prit fait et cause pour les saisis. Mais à la suite des cinq instances, autant de sentences furent rendues contre eux, les condamnant chacun à 5 livres d'amende, 182 de dépens et 110 livres 15 sols d'épices ; ordonnant, de plus, la confiscation des perruques au profit des perruquiers, et défendant, désormais, aux chirurgiens de friser. Appel est interjeté devant le

Conseil supérieur et nous voici, l'année suivante , en pleine procédure devant ce débris de Cour souveraine installé en décembre 1771 dans notre ville. M⁰ Valladier plaide pour les chirurgiens , et un avocat, dont le nom devait avoir une notoriété héréditaire dans notre barreau, M⁰ Baragnon, défend la cause des perruquiers.

Le Président du Conseil était l'ancien juge-mage J. Maurice Reinaud, et, à ma grande satisfaction, je trouve, dans le dossier de l'affaire, une lettre particulière à son fils ou à lui adressée par les professeurs du Collège royal de chirurgie de Montpellier. Elle mérite les honneurs de l'*in-extenso*, les appelants y traitant, pour leur défense, d'une matière délicate qu'ils n'osent aborder dans leurs mémoires. Les disciples de Saint-Côme, en effet, avaient eu le privilège de traiter , dès son apparition, la funeste contagion qui, propagée par les guerres et l'immoralité du xvi⁰ siècle, avait fait depuis tant de ravages. La découverte des Carpy et des Vigo leur avait conquis la confiance du public : se mettre entre les mains des chirurgiens était une locution du Grand siècle, dont la signification n'échappait à personne. Les cures s'opéraient donc secrètement dans des maisons de santé spéciales, et l'on comprend que les visites domiciliaires, faites à l'improviste dans ces asiles mystérieux par des gens réputés pour fournir de cancans la Cour et la ville , les inquiétassent au dernier point. On en jugera par ce qui suit :

A Montpellier, le 16 Juillet 1774,

Monsieur,

Les Professeurs en chirurgie du Collège royal de Montpellier ne sont pas sans inquiétude sur l'événement du procès pendant au Conseil supérieur de Nismes, entre leur compagnie et le corps des perruquiers. Ces derniers ont affecté de publier, dans Nismes même, qu'il n'y avoit qu'une poignée de chirurgiens tenant boutique de barberie qui soutenoient cette affaire, que les professeurs n'y étoient pour rien et qu'ils étoient de la plus grande indifférence sur le gain ou la perte du procès.

Rien de plus faux, Monsieur, que cette assertion. Nous faisons cause commune avec tous nos confrères. La cause de dix est la cause de tous, sans distinction, et nous vivons ensemble dans la plus grande intimité. Cette affaire est devenue une affaire d'honneur autant qu'une affaire d'intérêt, qu'on a multiplié les sentences pour une même cause pour le jugement de laquelle une seule suffisoit. Cette multiplicité de dépenses écrase les compagnies et la nôtre, qui n'est pas riche, en a souffert une vive atteinte. Nous avons abandonné les fonds du procès aux perruquiers; ils seront seuls en possession de la frisure; nul de nos confrères, tenant boutique, ne leur en dispute les droits. Mais les perruquiers pourront-ils s'arroger celui de venir chez nous faire des visites sous des prétextes spécieux? Leur est-il permis de mépriser la loy qui les réunit en un corps? Notre compagnie, utile comme elle l'est à la société, seroit-elle soumise au caprice et à l'arbitraire d'un corps bien inférieur? C'est ce que nous ne saurions voir d'un œil tranquille et qui, cependant, nous donne de sollicitude (sic).

Nos maisons, Monsieur, sont des asiles sacrés où nous recevons des personnes de tout rang, de toute condition et de tout sexe que des événements malheureux obligent de se séparer pour quelque tems du reste de la société. C'est dans le secret de nos cœurs et de nos maisons que réside le repos des familles. A quoy ne serions-nous pas exposés si le jugement, auquel nous devons nous attendre, n'arrêtoit le caprice de ces hommes qui, sous prétexte de frisure, viendroient porter arbitrairement dans nos retraites la confusion et l'alarme? Vous sentirez, Monsieur, autant que nous, combien il importe de circonscrire les perruquiers dans les limites que l'article de leurs statuts leur a fixées, lorsqu'il parle des visites qu'ils pourront faire chez les chirurgiens. Les nouvelles lettres patentes n'y ayant pas dérogé nommément, il doit, ce nous semble, exister dans toute sa plénitude.

Nous vous supplions encore, Monsieur, de jeter un coup d'œil attentif sur le nouveau mémoire que nous avons fait imprimer, que notre député à la poursuite du procès aura l'honneur de vous remettre avec cette lettre et d'accorder à la cause des chirurgiens de Montpellier la protection que vous accordez aux bonnes causes.

Nous avons l'honneur d'être avec un profond respect, Monsieur,

Vos très humbles et très obéissants serviteurs.

Les professeurs du collège de chirurgie de Montpellier : Méjan, Serda, Serres, Lamorier, doyen ; Bourquenod, Sarran, Poutingon, Vigouroux, Laborie.

Les perruquiers, faisant allusion à cette réclamation secrète, firent entendre qu'amener un chirurgien-syndic aux visites domiciliaires serait leur donner un degré de publicité de plus et que d'ailleurs ils n'entendaient faire fonctionner leurs huissiers que dans les boutiques et non dans les chambres des malades. Ce n'était pas seulement l'abus de la frisure qu'ils poursuivaient chez leurs adversaires, c'était celui des bains de propreté fournis par les chirurgiens sous le prétexte de santé. « Il s'agit de savoir, dit M⁰ Baragnon, si le bain que nous trouvons préparé est un bain de santé ou de propreté et si la personne qui l'attend est malade ou non. » Il faut avouer que cette enquête autour d'une baignoire nous paraît assez comique : qu'était-ce donc quand, au moment de la visite, elle contenait son destinataire ?

La Cour de Nîmes délibéra et le 23 août 1774, rendit son arrêt que mon bisaïeul a consigné de sa main en marge du mémoire. « L'appel et ce dont est appel est mis au néant ; émendant, la Cour fait défense aux chirurgiens de friser suivant les lettres patentes de 1772, casse le procès-verbal de visite et saisie des effets, en ordonne la restitution par contravention à l'article 46 des statuts; condamne les chirurgiens au tiers des dépens, les autres tiers demeurant compensés. »

J'ignore si les chirurgiens furent complètement satisfaits de la sentence et si, ce jour-là, elle ne fut pas joyeusement commentée à la Faculté de Médecine de Montpellier. Dire pourtant qu'il fallait attendre encore un demi-siècle pour voir se réaliser l'union définitive dans la même assemblée de ces ennemis de 600 ans, qui n'avaient cependant qu'un but et qu'une pensée : le soulagement et la guérison des souffrances et l'amour de l'humanité !